やる気が上がる8つのスイッチ

コロンビア大学のモチベーションの科学

ハイディ・グラント・ハルバーソン
Heidi Grant Halvorson
林田レジリ浩文［訳］

THE 8 MOTIVATIONAL CHALLENGES: A SHORT GUIDE TO LIGHTING A FIRE UNDER ANYONE

Discover

やる気が上がる8つのスイッチ

THE 8 MOTIVATIONAL CHALLENGES
by
Heidi Grant Halvorson, Ph.D.

This edition published by arrangement with Avery (formerly Hudson Street Press), an imprint of Penguin Publishing Group, a division of Penguin Random House LLC
through Tuttle-Mori Agency Inc., Tokyo.

やる気が上がる8つのスイッチ
もくじ

第3章

第4章

序章

やる気を上げる方法は1つではない

「新しいことをやるのがおっくうでしかたがありません。どうしたらそんな自分を変えられるでしょうか？」

「始めるときには盛り上がりますが、いつも途中で燃え尽きてしまいます。やる気はどうしたら長続きするのでしょうか？」

「やる気のない生徒たちの心に火をつける方法はあるのでしょうか？」

「部下に仕事を教えてもあまり効果がありません。どうしたらよいのでしょうか？」

こんなことをいつも言っている人が、あなたの近くにいませんか？

もしかすると、あなた自身がそうでしょうか？


不思議なのは、昔から多くの人が口にしてきた、こんな普遍的にも思える疑問が、いまだに解決の糸口もないように見えることです。

私たち人間はとても賢い生き物のはずです。自分や周りを認識し、内省的に考え、すでにあるものを疑い、ロジカルシンキングの力さえ備わっています。


それでも私たちはいかにしたら自分を、そして周りを動かすことができるのかについては何もわかっていないようです。

はるか昔に人類は火をおこし、それを活用することをおぼえました。

では、自分たちの心の中にある「火」はどうでしょう？

心に火をともし、燃やし続ける方法はいまだに発見できていないようです。

やる気の炎をいかにしたら燃え上がらせることができるのか？　あなたが知りたいのはそれですよね？

実際、結果を出し、生きがいのある人生を送るために、そのことがわかっているのはとても大切なことです。もちろん、あなたの周りの人にとっても。

心に火をつける万能の方法はない

誰の心にも火をつける方法。

あなたが部下を持つ立場にいる方であっても、人に教える立場の方であっても、人を育てる立場の方であっても、それはとても大切なこと。

今までも、多くの人がその答えを探してさまざまなものを読んだり、セミナーに出たりして、多くの時間とお金を費やしてきました。

それでも答えを見つけることはできませんでした。

なぜなら、その答えは1つではないからです。

人の心に火をつけるのに、たった1つの万能の答えというのはありません。

そして、そこが問題なのです。


たとえば、あなたが最近、胃もたれに悩まされているとしましょう。

病院に行き、ムカムカする胃の状態や今まで飲んだ薬などのことをまずはお医者さんに話そうと思いますよね。

診察に呼ばれたあなたがそれを話そうとする前に、先生はあなたを一目見ただけで、こう言います。

「具合が悪そうですね。イブプロフェン（鎮痛剤）を飲んで安静にしていてください。ではお大事に！」

それで終わろうとしたらどうですか？

「え、ちょっと待ってください。もう少し詳しく診ていただけないんでしょうか?」

あなたがそう言うと、先生はさらにこう言います。

「いえいえ、診なくてもわかりますよ。あなたは具合がよくないんですよね。だって、そうでなかったらここには来ないんだから。だからさっきの診断を出したんです。と言っても誰にでも同じことを言ってるんですけどね。それでみんな回復していますから、きっと効果があるんでしょう。はい、じゃこれお薬ね。枕も持っていきます?」

こう言われたら、「この先生、おかしいんじゃないの?」と思うはずです。

この先生にかかれば、どんな病気もまったく同じもので、だからすべての病気には同じ治療をすればいい、ということになってしまいます。

実際にはこんなお医者さんはいません(と思いたい)が、ひるがえって私たち自身はどうでしょう？

自分自身や、部下や学生や子どもたちのやる気に火をつけるには、たった1つの方法を実践すれば足りると思ってはいませんか？

それでは、この調子っぱずれなお医者さんと同じです。

「いつもポジティブに考える」「報酬を与える」「実践で学んでいく」「ゴールを設定する」……これらはある人たちにはたまたま効いた方法かもしれません。でもそれは「いつも」「誰にでも」効くものではないのです。

いつでも、誰にでも即効性があるたった1つの処方箋などはないのです。

よく聞きませんか？「～に効くたった1つの方法」なんていう宣伝文句を。

これだって実際のところは、その「たった1つの」方法は、ある条件下で、ある人たちには効果があった、と言っているにすぎません。

それぞれの人に合わせて方法を考える

先ほどのようなお医者さんがほとんどいないのは、彼らは何年もの間医学部で医者になるために必要な専門的な勉強をし、それぞれの病気にはさまざまな症状があり得るということを学び、そこから推測して適切な診断を下し処方をするということを多くの時間を使って学んでいるからですよね。

では私たちはどうでしょう?

適切なやる気の処方箋を出すほどの知識も経験もほとんどないのが実情ではないでしょうか。

病気と同じように、期待通りの成果を上げられないことにもさまざまな原因があります。

たとえばもし、あなたの周りの成績がよくない人たちにやるべきことをしてほしいと思うなら、まず初めにすべきことは、なぜ、その人が自分の能力と努力を出し惜しみしているのかを知ることでしょう。

いくつかの原因が合わさってそうなっているのかもしれません。

私たちが人間のやる気を駆り立てる方法を解明し、思うような成果を出すためには、そのやる気のない状態を作り出しているさまざまな要因を探り当てることが必要です。

医者が脈拍や体温や血液検査などを頼りに病気の診断と治療をしていくように、私たちも表に現れたさまざまな事象から、いくつかのパターン別に解決策を探っていかなくてはいけません。

どこに問題があるのかがわかれば、心理学ですでに解明された「治療法」が見つかります。

8つのタイプと3つの軸

この小さな本は、あなたが「人間をやる気にさせるお医者さん＝モチベーション・ドクター」になるための最初の一歩になるように書かれています。

私はこの本で人間を8つのタイプに分けてみました。その8つはそれぞれ特有の行動パターンがありますし、好き嫌いのパターンもあります。

その8つのタイプとは、

1 中二病
2 うざいやつ
3 臆病者
4 退屈な人
5 やる気の空回り

6 まじめな見習い

7 新星

8 熟練の匠

です。これらについては後述します。

さらにわかりやすいように私はその8つを、

1 マインドセット

2 フォーカス

3 自信の有無

の3つの軸を使ってどなたにも納得いただけるように解説していきます。

前述の8タイプはこの3つの軸を変数としてさまざまな現れ方をしています。

これを把握しておけば、それぞれのタイプがさらにやる気になり、効率的に仕事も人生もこなしていくにはどうすればいいのかもわかるようになるでしょう。

ではこれから、まずマインドセット、フォーカス、そして自信の有無について説明していきましょう。

第1章

2つのマインドセット……「証明」を求めるより「成長」を目指そう

Mindsets: Be-Good and Get-Better

マインドセットとは、考え方の癖、あるいは思考傾向のことです。私たちは次に述べる2つのマインドセットのどちらかを持っています（このことは、前著『やり抜く人の9つの習慣』で証明ゴールと成長ゴールという言葉で説明しました。また同じく私の著書『やってのける』にも詳しく解説しています）。

その2つとは、「証明マインドセット」と「成長マインドセット」です。

証明マインドセット

証明マインドセットを持つ人は、自分の能力の証明に焦点を当て、エネルギーを注いでいます。すなわち、**人に自分の能力を見せつけ認めさせようとしている**のです。

別の言い方をすると、自分は「すごい」と感じたい、そう見せたい、そしてそう言われたいと思っています。

「すごい」だけではありません。

「アイデアにあふれている」

「才能がある」

「説得力がある」

「魅力がある」

……等々、このマインドセットを持っている人は、言い方が何であれ、自分が能力を豊富に備えていることを相手に見せて認めさせたいと考えます。

だから、**自分と他人をいつも比べています**。そうしないではいられないのです。

このことはいつも意識的に行われているわけではありません。無意識にやっていることも多いのです。

またこのマインドセットを持っている人は、**助けを求めるということもあまりやりたがりません。**なぜなら、人に助けを求めることは自分の弱さをさらけ出すことに通じると考えてしまうからです。

何かがうまくいかないときは、そのことが自分には向いていないのだと考えがちなのも特徴です。

ミスをすることをいつも恐れていますし、自分にはできない、自分には無理だということが人にも自分にもわかってしまうことが怖くてしかたがありません。

だからこの人たちがやりたがるのは、いつも自分がうまくできるとわかっていることだけです。

特に特徴的なのは、困難にぶつかったときです。証明マインドセットを持つ人は次に述べる2つの反応をします。そしてどちらも建設的なものではありません。

① 不安に押しつぶされてしまう

「自分には無理」「私にはできない」と考えて不安に陥ります。そしてその不安感が状況をさらに悪くしてしまいます。考える力を奪い、本来ならできることもできなくしてしまうのです。

それだけではありません。Self-fulfilling prophecy という言葉を聞いたことがあるでしょうか?

通常、「自己充足的予言」と翻訳されるこの言葉は、自分が失敗するのではないかと思っていると実際に失敗してしまうという心理学の概念です。そして失敗したことが、「思った通り失敗した」と不安の裏付けになってしまい、さらに不安を増幅してしまうという悪循環を作り出します。

② あきらめてしまう

「自分には無理だ」「自分にはできない」と思い、最初から挑戦するのをやめてしまいます。だって自分には困難に対応する力がないのですから。

絶望と拒絶されたという感覚に襲われてやる気をなくしてしまうのです。

これも①のように「自己充足的予言」となってしまいます。

あきらめた、ということがさらに自分の無力感にお墨付きを与えて、悪循環に陥ります。

驚くにはあたらないかもしれませんが、このマインドセットは不安神経症や抑うつ状態に結びつきやすいことがわかっています。

そこまで至らなくても、仕事を楽しいと思い、そこに意義を見出すことも難しいのです。

このマインドセットを持つ人は**課題や目標にとらわれすぎていて、そこに至るま**

での道筋やプロセスを楽しむ余裕がないのも特徴です。

いつも不安に駆られていますから、情報をじっくりと吟味することも苦手です。自分の思い込みで必要だと感じることだけを吸収しようとしてしまい、新たな知識や技能をじっくりと吸収するということも難しくなってしまいます。

このマインドセットを持つ人は数多くの「苦手リスト」や「できないことリスト」がいつも頭のどこかにあります。ですから、本当に意味のある挑戦を自ら避けてしまう傾向があります。

成長マインドセット

このマインドセットを持つ人は、自分が向上することに焦点を当てています。能力を高める、新しいことを学ぶ、そして時間とともに向上していく、それらが重要だと思っています。

証明マインドセットとこの成長マインドセットの違いをわかりやすく説明する

と、こうなります。

・証明マインドセットを持つ人は「すごい人と思われたい」。
・成長マインドセットを持つ人は「すごい人になりたい」。

成長マインドセットの持ち主は他人の目をあまり気にしません。他人が自分をたとえ認めてくれなくても、やると思ったことをやります。そして比較対象は他人というよりも自分自身です。

昨日、先月、そして昨年の自分に比べて今の自分は成長できているかということこそが大切なのです。

このマインドセットの人は、**困難に直面したときも粘り強く頑張り続けるという特徴もあります。**なぜなら、時間をかけて成長していくということが大切なのですから、その道程で失敗はしかたがないし、困難だって当然あるだろうと考えられるからです。困難に当たればさらにやる気を出す、ということだってあります。

実際、多くの研究でこの成長マインドセットを持つ人は、難しいと感じれば感じるほど、さらに力を発揮できているということが明らかになっています。

私自身が、教え子のローラ・ゲレティと数年前に行った実験があります。ただでさえ解くのが困難な問題を成長マインドセットの持ち主たちに与えて取り組んでもらいました。

私たちは彼らが取り組んでいる間、さまざまな方法で邪魔をしました。彼らの集中を妨げようとしたのです。しかし試験を自分の問題解決の能力を高めるチャンスだと考えている彼らは、かえってよい成績を残しました。

反対に証明マインドセットの持ち主たちは、私たちの介入によって集中力を阻害され、成績も明らかに下がったのです。

実生活においても当然、私たちの気をそらそうとする多くの邪魔が入ります。そう考えるとマインドセットは私たちの生活に大きな役割を果たしていることがおわかりになると思います。

もちろん、私たちは固定的にこのどちらかのマインドセットを持つわけではありません。**ただ言えるのは、明らかに「成長マインドセット」を持つことが有利に働くということです**。

一方、私たちが何らかの理由で証明マインドセットに陥ったときにはうまくいかないことが多いというのもまた事実です。

どちらのマインドセットで人が動いているか（あなたも含めて）はモチベーションにおいてとても重要です。成果をさらに上げるための重要な要素の1つになるからです。

しかも、**それは固定的なものではなく誰でも変えられるものです**。このことについては後ほどまた触れます。

第2章

やる気のフォーカス
…「獲得」か「回避」かを知って強みにする

Motivational Focus: Promotion and Prevention

二人以上の人たちが集まって共通の目標に向かおうというときにはたいてい、そこに至るまでのやり方の違いというのが問題になってきます。なかなか一枚岩になるのは難しいことが往々にしてあるようです。

あなたにもありませんか？　相手に対して、それが配偶者であっても子どもであっても、もちろん同僚や仕事相手であっても、どこか違和感を感じることが。何でちょっとした行き違いが生じるのでしょうか？

これに対してはとてもシンプルな答えがあります。

獲得フォーカスと回避フォーカス

著名な心理学者トーリー・ヒギンズと私の共著（Focus：Use Different Ways of Seeing the World for Success and Influence）で書いたように、たとえ同じ目標に向かっていても、そのアプローチは当然1つではありません。

たとえば、「私は自分の仕事を高いレベルでやっていきたい」というのは、何を・どのように・いつまでというような違いはあっても、多くの人が持っている目標だと思います。

ある人たちにとっては、高いレベルの仕事とは達成であり獲得でしょう。経済学の用語を借りてくるなら、それは獲得しうる最大限の利益であり、最小限の機会損失（チャンスを見逃さぬようにしていること）のことと定義されるでしょう。

このような心の焦点を**獲得フォーカス**（Promotion Focus）といいます。

また、ある人たちにとっては、高いレベルの仕事とは安定感であり信頼性であると定義づけられるでしょう。

このような心の焦点を**回避フォーカス**（Prevention Focus）といいます。

こういう人たちは、危機を回避すること、責任を全うすること、義務感を感じていることをやり遂げることに重点を置きます。

経済学用語でいえば彼らの「高いレベルの仕事」とは、損失を最小限に抑え、今持っている資源の減少を避けるということになります。

同じ目標に向かっていても、獲得フォーカスと回避フォーカスではやり方が異なります。戦略も持っている強みも、起こしがちな間違いも違います。

獲得フォーカスの人は称賛を得ることに動機づけられますが、回避フォーカスの人は批判を避けることに動機づけられます。

また前者は見切りをつけるのが早すぎるのに対して、後者はいつまでも続けている傾向があります。

あなたはいかがでしょうか？　今までのことを振り返ってみてください。獲得と称賛を追い続け、常に夢を求め続ける人生だったでしょうか？　それとも義務と責任を果たし、頼りにされることに重きを置く人生を歩んできたでしょうか？

どちらであるかがわかれば、自分の強みと弱み、そして自分にとって最適な戦略が理解できるでしょう。

称賛を得たいのか、批判を回避したいのか？

あなたが獲得フォーカスであるなら、あなたにとってのやる気とは情熱であり、何かに向かって突き進むものであるでしょう。

その情熱は肯定的なフィードバックやうまくいったという確信や称賛によりさらに高められます。

成功すればするほど、やる気に火がつくのです。自信はさらにエネルギーを高めてくれますが、反対に自分の能力に疑問を持つようになるとたんに調子が出なくなる面もあります。

あなたが回避フォーカスなら、やる気は自衛的なものになります。どこかに危険がないかをいつも気にしている感じです。

獲得フォーカスの場合とは逆に、この自衛の力は否定的なフィードバックや自省、批判などによりさらに強まります。

あそこに危険が潜んでいて、ここはこう気をつけて事を進めるべきだ、という感覚が回避フォーカスの人の持つ力を引き出してくれます。

過大な信頼を寄せられたり大げさな称賛をされたりすると、かえってやる気が下がってしまうことがあります。

リスクは挑戦するものか、避けるものか？

「虎穴に入らずんば虎児を得ず」（リスクを取らねば何も得られない）というのが獲得フォーカスの人の信条です。この人たちは進んであらゆるチャンスに賭けていき、たとえそれが一か八かの賭けであってもそれに乗ろうとします。

そんなとき、回避フォーカスの人は慎重です。チャンスであっても一歩引いて考えますし、往々にして現状維持することに注意を向けています。

この2つのフォーカスの違いはさまざまなところで顔を出すことになります。

多くのことに手を出しがちなのが獲得フォーカスなのに対し、回避フォーカスはやり始めたことは最後までやろうとします。途中でやめたり、考えを変えたりするのが苦手なのです。

獲得フォーカスの人が仕事を先延ばしにしがちなのに対して、回避フォーカスの人は最初から時間を多めに見積もり、期限までに仕事を完了できるようにします。

抽象的に考えるか、具体的に考えるか？

実験的かつ抽象的に考えるのが得意なのが獲得フォーカスの人で、彼らはブレインストーミングでさまざまな意見を戦わせることを好みます。目標に向かってあらゆる選択肢や可能性を考えつきます。多くのアイデアを出してそれらを組み合わせたり、情報を活用したりすることにすぐれています。

回避フォーカスの人から見ると、獲得フォーカスの人の抽象的な思いつきにはついていけないところがあります。地に足がついていないように感じてしまうのです。彼らはもっと分析的・個別的・具体的な議論を好みます。彼らは細部にも目が行き、何が問題なのか、そして何をすべきかを細かいところまでよく覚えています。

スピードか正確さか？

複雑な問題を解決しようとするときに、スピードと正確さのジレンマに悩まされることがあります。私たち心理学者が「スピードと正確さのトレードオフ」（speed-accuracy trade-off）と呼ぶ問題です。

急ごうとすると正確さを犠牲にしてしまいがちですが、では丁寧にじっくりと取り組もうと思っても、私たちは大抵いつも時間に追われているものです。

ここまで読まれたあなたには、獲得フォーカスの人がスピードを尊び、回避フォーカスの人が正確さを重要視することがおわかりでしょう。

そこに到達したいのか、そこに滞在したいのか？

獲得フォーカスの人は言ってみれば短距離走者です。結果が見えやすいことには特にエネルギッシュに情熱的に力を傾けます。が、長距離走はどうやら苦手のようです。

それに比べ回避フォーカスの人は、現状を維持するために細かな気配りと粘り強さで取り組み、長期にわたって力を発揮します。

自分と相手の傾向がわかれば良好な関係も築ける

逆のベクトルを持つこの2つのフォーカスに対する理解が深まると、自分と周りの人がなぜこう考えてこんな行動をするのかが明確になります。

今までなぜ自分はリスクを進んで取りに行っていたのか、反対にリスクを注意深く避けてきたのかが見えてきたのではないでしょうか？

楽天的に考えるのが自然な人もいるでしょうし、どうしても、すぐそこにある危機のほうに目が向きがちな人もいます。

なぜ、「ポジティブに考えろ」と言われてもそれが難しい人がいるのか、あるいは、「慎重にしろ」と言われると急に力を発揮できなくなる人がいるのか、腑に落ちたのではありませんか？

これは自分を知るための新たな軸というだけではなく、同時に他の人の傾向を知るためにも力強いツールとなります。いろいろな人との関係性を理解するためにも有効でしょう。


結婚生活では特に、なぜ相手が自分のように「正しく」考えられないのかを巡って、必要のない不毛な言い争いになりがちです。

私自身も以前、夫と、小さな子どもたちのことでいつもぶつかっていました。夫は子どもたちに自由に冒険をさせ、さまざまなことに挑戦させようとしていました し、私はいつも子どもたちがケガをするんじゃないかと心配していました。

どちらが獲得フォーカスでどちらが回避フォーカスか、すぐにわかりますよね。


このフォーカスの違いを理解すれば、なぜあなたがパートナーと同じ目標に向かっているのに違うアプローチをすることがあるのか、理由がはっきりと見えてきます。もうどちらが正しいかで頭を悩ます必要もなくなるし、相手の見方をより尊重できるようになります。

最良のパートナーシップとは、獲得と回避の2つのフォーカスをバランスよく持つということです。どちらのフォーカスも健康的で充実感のある人生のためには必要なものです。

私の先の話でいえば、子どもたちに冒険や挑戦をさせていく一方、しっかりと彼らを見守り支えていくことを同時に進めていく必要があるのです。

自分の持ち味で勝負する

無理に自分のフォーカスを変えようとする必要はまったくありません。獲得と回避のどちらにしても、そのよさを活用していけばよいのです。

ここのところが、前章でお話しした「証明」と「成長」の2つのマインドセットとは違います。

獲得と回避のどちらのフォーカスも成功のためには必須です。ときにはリスクを取っていかなければならないでしょうし、ときには慎重かつ丁寧に事を運ばなければならないでしょう。

自分と相手のフォーカスを理解して、それぞれが最高の力を発揮できるようにしていく。それこそが最も大切なことです。

考え方、言葉遣い、戦略、報酬など、それぞれのフォーカスによって、ピンとくるものが違います。それぞれの心の琴線に触れるアプローチをして、やる気を高めていくべきです。

まるで医者のように、相手と自分をしっかりと観察し、どういうフォーカスを持っているのかを診断していきましょう。

そのうえで、相手に動いてもらうにはどんな働きかけをすればよいのか、最善の処方をしていきましょう（第5章で詳しく解説します）。

第3章 自信は必須の要素

Confidence

自信を持つことが大切だという台詞は聞き飽きたかもしれません。しかしその重要性は何度繰り返しても足らないほどです。

自信は目標を達成するためには必須の要素です。

その目標が高ければ高いほど自信の有無がものを言いますし、たとえその達成が困難を極めても、粘り強くやり抜く力を与えてくれます。

ここで私が言う自信とは、「俺様が最高だぜ」的な他人を力で圧倒するようなタイプのものではありません。もっと謙虚でしなやかな、静かに「私にはそれをやり遂げる力がある」と確信しているタイプのものです。

社会心理学の分野で大きな貢献をしたアルバート・バンデューラは、このような自信を「自己効力感」と呼びました。自己効力感とは、**望む結果を得るために必要とされる能力が自分にはある**という確信です。

目標を達成するために必要な力を自分が持っていると信じているとき、あなたは自己効力感を持っていると言うことができるのです。

では、自己効力感は成功にどれほど影響するのでしょうか？

今までに行われた何百もの研究によると、自己効力感と成功の相関係数は0・34となっています。それほど関係がないように見えますか？　そう思われるあなたに別の例を挙げてみましょう。ある仕事に必要とされる技能のテスト結果とその仕事での成功の相関係数は0・19にすぎないのです。

自己効力感は、人が成功するか失敗するかをかなり正確に占うと言ってよさそうです。とすれば、自己効力感を持つことの重要性、そして上司が部下に、教師が生徒に、親が子に自己効力感を持たせるよう努めることの大切さも十分わかっていただけるでしょう。

バンデューラは自己効力感が4つの要素によって成り立っていると述べました。その4つの要素を紹介します。

① 成功体験

バンデューラが最も重要だと考えているのは、実際に自分が達成した成功の体験です。特に、難しいと感じられた目標や課題をやり遂げたという体験であればさらに自己効力感を大きくします。

過去に成功体験を豊富に持っていれば、困難な課題に直面しても自分の達成能力への確信は簡単には揺るぎません。逆にそのような体験があまりなければ、ちょっとした失敗をするだけで自己効力感は小さくなってしまいます。

このことは職場でのオンザジョブトレーニング（ＯＪＴ）がいかに大切であるかの裏付けにもなっています。

やる気はあっても仕事のスキルを持たない人は、失敗を繰り返して自己効力感を失ってしまいがちです。ＯＪＴの重要な役割とは、業務遂行に必要な知識を身につけさせるだけでなく、**何度も成功体験を繰り返させて自己効力感を上げる**というところにあるのです。一石二鳥を狙えるわけです。

② 他者の体験から学ぶ

他者の体験を追体験していきます。特に、困難だったのはどこか、逆にどこは比較的容易にできたかといったことを知ることが役立ちます。

他人が簡単そうにやっているのを見れば、自分にもできそうだという自信が生まれますが、ただしこれには注意すべき点もあります。熟練した人は長年の経験により、困難なことでもいとも簡単にさらりとやってのけてしまいます。もちろん、普通の人にはそうはいきません。

私自身も学生時代、ボーイフレンドにおいしいチキンの料理を作ってあげようと思って失敗したことがあります。母がとても手際よく、簡単に作っていたので自分にもできるはずだと思っていたのですが、そうではありませんでした。その結果、私の料理に関する自己効力感は少し下がってしまいました。

③ 他者からの保証や警告

つまり「あなたなら必ずできるよ」とか、その反対に「そんなことをしていてはだめだよ」というような言葉を他者からもらうということです。

ただし、この3つ目の要素は、そういう言葉をくださる人たちには申し訳ないのですが、それほど強力な効果はありません。

さっきの話でいえば、ボーイフレンドに料理を作ってあげようとしたとき、母から「てきとうにやっちゃだめよ。必ずレシピを確認しながら作るのよ」とかなんとか言われたような気がします。でも私はその言葉を無視し、彼がその被害に遭ったというわけです。

④ その時々の私たちの気分

たとえどれほど強い自信を持っていても、その時々で不安や苛立ちに駆られることは人間である以上必ずあるものです。そんなときにはどうしても自信が揺らいでしまいます。

ただし、この気分の影響は最初の2つ、自分の成功体験や他者の体験によって培った自信に比べれば小さいものです。

「ポジティブ・シンキング」の問題点

この後に8つのタイプ別の対処法をお話しする前に、一言言っておきたいことがあります。それはポジティブ・シンキング（積極的思考）と自信の違いについてです。

ポジティブ・シンキングについてはその効果を褒めたたえる人が多いのは事実です。ポジティブ・シンキングの例を挙げると、「自分が欲しいものをすべて手に入れた場面を想像せよ」とか、「あなたを成功から遠ざけるあらゆる消極的な思考を排除せよ」といったものがあります。

もちろん私も、想像するだけですべてが実現したら素晴らしいと思いますが、実際にはそんなことは起こりません。私が知る限り、成功を想像するだけで成功をつかむことができると証明した研究は1つもありません。

それどころか、それは逆の効果をもたらすことが多くの研究でわかっています。科学的に言えば、理想の未来だけを考えることは目標達成の力を阻害してしまいます。成功を考えるだけでは実際に成功する確率は逆に下がってしまうのです。

一方、ネガティブ・シンキングの評判はとても悪いようです。これは先ほどのポジティブ・シンキングの称賛者たちが、ネガティブ・シンキングすべてを望ましくないものとして一まとめにしてしまっているからかもしれません。しかし、ネガティブ・シンキングといっても、中にはやる気を上げる効果があるものもあるのです。たとえば、「いつも失敗ばかりしている私にこんなことができるわけがない」という考え方と「これはなかなか難しい仕事だ。気を引き締めて取り組もう」という考え方の間には大きな違いがあります。前者は自信に欠けた「悪いネガティブ・シンキング」であり、後者は自信に裏打ちされ成功につながる「よいネガティブ・シンキング」です。

多くの研究により、次のことがわかっています。目標を達成した場面ばかりを想像して、そのための準備を何もせずに待っている人よりも、**目標を達成するために**

乗り越えるべき障害を考え、自分にはそれを乗り越える力があると信じて対応策を検討する人のほうが、成功する可能性はかなり高いのです。

ひそかに思う人と付き合うようになること、あこがれの仕事に就くこと、病気を克服すること、ダイエットを成功させることなど対象は何であれ、望む結果をただ想像するだけよりも、そこまでの困難とその克服をしっかり考えるほうが、成功する確率が高くなります。

決して忘れないでください。

自信は、困難から目をそむけることでは得られません。

起こり得る問題を見据えて代替案を持つといったネガティブに見えるようなことも、高い自己効力感を持つ人は自然にやっています。

現実感の欠如を自信と間違えたり、現実をしっかり見ている人を自信がない人と勘違いしたりしないでください。

第4章

やる気から見た8つのタイプ

Eight Profiles of Underperformers

これまで人間の考え方の3つの軸についてお話ししてきました。これからその3つの軸が組み合わさって形成するタイプを見ていくことにします。

それぞれのタイプは3つの軸、

① マインドセット
② フォーカス
③ 自信

の現れ方の違いによって8つに分かれます。

その8つのうちの2つのタイプはモチベーションの観点から言うと破滅的という

ほかありません。4つのタイプは、まあまあですが、まだまだ問題があります。

これら6つのタイプは人間関係においても問題を起こしがちでしょう。


大抵の場合、上司や教師の立場にある人は明らかに問題がある人に気を取られ、リソースもそこに向けがちです。

しかしうまくいっている人たちを認め、彼らの潜在能力をさらに伸ばすというのも同じく大切なことです。

最後の2つのタイプはピーク・パフォーマーにもうちょっとで手が届くという優秀な人たちです。それはどんな人たちで、どんな特徴があるのか、そしてその人たちにどんなことをしてあげるべきかという説明もしていきます。


なお、それぞれのタイプの人がこれからどのようにしたらやる気を上げていけるのかについては、第5章でお話しします。

タイプ1 中二病

「中二病」と言っていますが、もちろん年齢は関係ありません。
このタイプはモチベーション的には最も大きな問題を抱えています。
どんな人たちかというと、
① 証明マインドセット
② 獲得フォーカス
③ 自信はなく不安定
このタイプは見たらすぐにそれとわかります。

■ いつも引っ込みがちで、憂鬱な感じを漂わせている

冴えているという感じにも、やる気があるというふうにも見えません。エネル

ギーも低い感じです。もちろん、情熱も感じられません。全体的に「熱量が低い」という印象があります。

本来獲得フォーカスなのに、望んでいる称賛や承認が得られないと、得てしてこういう感じになりがちです。もともと持っているはずの「やる気」に火がついていない状態です。

■ 努力をしない。最小の投資で最大のゲインを得ようとする

何をするにも面倒くさいと感じています。証明マインドセットに自信のなさが加わると、懸命に何かをするというのが意味のないことに見えてしまうのです。「どうせ何をしたってうまくいかない」と考えがちです。

■ 明らかに自分の能力に自信が持てない

その自信のなさは一目見てわかるほどですし、いつも「私はあれが苦手、これが

苦手、それも苦手」というのが口癖になっているかもしれません。

そんなに自信がないにもかかわらず、周囲に助けを求めることもしません。だから余計うまくいきませんし、それによってさらに自信をなくすという悪循環を自ら作り出してしまっています。

■自分自身を失敗に導いている

仕事や勉強の成績を犠牲にしても自分のプライドを守ろうとするところがあります。失敗しても、それは自分の無能のせいではないと言える逃げ道を用意しているのです。

たとえば、いつも試験勉強をしない生徒が「自分だって準備さえすればいい点数がとれるんだ」と言い訳をするのがその好例です。勉強をしないで悪い点をとっているほうが、ちゃんと勉強したのに悪い点をとって自分の能力を疑うよりもましというわけです。

身だしなみをきちんとしていなかったり、いつも会議の準備をしてこなかったりする会社員が、自分が昇進しないのをそれらのせいにして、決して自分の能力のせいにしないというのも一例です。

また、自分の夫や妻に直接不満を言わずに、不機嫌になったり他の人や物に八つ当たりしている人がいます。これも、自分の気持ちを正直に言って相手から反撃されたり拒絶されたりするのを恐れているのです。

■ たまにやる気を見せることもあるが、すぐにしぼむ

ごくたまに何かがやる気に火をつけることもあります。しかし長続きしません。ちょっとした困難やハプニングですぐにやる気がしぼんでしまいます。

気がつくと、さっきまでの勢いは何だったのかと思うほど部屋の隅でしょんぼりしていたりします。

診断：破滅的です

自信がないくせに、自分の能力のなさを周囲に知られたくない、この中二病タイプは非常に扱いにくいといえます。

大概の場合、この人自身が、自分の最も厳しい批判者となっています。ＯＪＴの効果が出にくいのもこのタイプです。なぜなら、わからないのにわからないと言えない傾向があるからです。助けを求めるのを自分の無能の証明だと勝手に決めつけています。

周囲が褒めても、自分自身への不信はぬぐえないのです。かといって周りが何も干渉しないでいると、もっとダメになっていってしまいます。

タイプ2 うざいやつ

このタイプは「中二病」よりは扱いやすいですが、まだまだ伸びしろがあります。

① 証明マインドセット
② 獲得フォーカス
③ 自信はある

ご覧のように、タイプ1と2の違いは、自信の有無です。
「中二病」には欠けている自信を「うざいやつ」は豊富に持っています。
どんな感じになるか説明しましょう。

■自慢が多く、いつも注目されていたい

この人にとっては成功するだけでは十分ではありません。成功を認めさせるのが大切なのです。周りに「あの人ってデキるよね」と言ってもらいたいのです。

■批判を聞く耳を持たず、失敗を隠す

失敗や批判から自らを遠ざけることで、やる気と前向きさを維持しようとします。しかしそのことによって、経験から学ぶ機会を失ってしまうのです。

■すべてに飛びつく

何でも安請け合いしがちです。なぜならフォーカスが「獲得」であるために、「ノー」と言うことでチャンスをみすみす逃してしまうと考えるからです。

ただ、いつも見通しが甘く、最善のシナリオだけを考えているので、多くのプロジェクトを途中までやって投げ出す羽目になってしまいます。

■向う見ずである

リスクを取りに行くことが望ましいときもあります。ただ、「とにかくやってしまえ」的な態度は、特にそれが自分の能力を証明しようと思うことと一緒になると無謀なものになりがちです。そしてこのタイプは自分を証明することにいつも追い立てられています。

■仲間といつも競い合っている

証明マインドセットの人はいつも自分と周りを比べています。だから自分がよいか悪いかの尺度はいつも「他人」です。ですから、周囲の人と協力することが得意ではありません。必要な情報を周囲に伝えないのもこのタイプに多い行為です。

診断：問題ありです

このタイプが扱いづらいのはタイプ1と同じです。特にチームワークを発揮しなくてはいけない場面では問題が多くなります。

あまりにも人と競い合う気持ちが強いので雰囲気を壊しがちですし、ときには意図的に重要な情報を隠したりしてチームの成功を邪魔することもあります。

このタイプの人はやる気もありますし、成功の経験もそれなりにありますが、失敗や建設的な批判から学べない傾向があります。また、向う見ずに飛び込んでしまうので、事態を悪化させてしまうこともあります。

タイプ3 臆病者

一見するとこのタイプ3はタイプ1「中二病」と似ているかもしれません。でもその行動パターンははっきりと違います。このタイプは一緒にいて、全タイプの中で最も楽しくないタイプかもしれません。

① 証明マインドセット
② 回避フォーカス
③ 自信はなく不安定

■周囲と壁を作り、いつも不安に駆られている

このタイプはいつも他人に対してハリネズミのように「近づくな」というメッセージを発しているかのようです。

たとえ目の前に明らかなチャンスがあっても、このタイプの人はそれを避けてしまいます。世の中には危険が満ちているかのように見えていて、すべての能力をそれを避けるために使ってしまいます。

■ プレッシャーに押しつぶされそうになっていて、予期せぬ事態に弱い

ほとんどの人は、あまりに仕事が多くてつらいと感じたことがあると思います。このタイプの人にとってはそう感じる程度が非常に大きく、しかもそれが毎日、毎秒なのです。そして予期せぬ事態は、それが何であれ、このタイプを脅かすものとなってしまいます。

■ 新しい仕事には拒絶反応を示す

職場ではさすがに顔には出さないかもしれませんが、新しい仕事、これまで経験していない仕事を任されるたびに、このタイプの人は内心怒り狂っています。

責任が新たに生じることは、すでにやることが果てしなくあると感じているこの人にとっては迷惑この上ないからです。

もしこのタイプの人が上司なら、部下が出す建設的なアイデアのすべてを握りつぶそうとすることでしょう。

■ **自分を守ろうとする意識が強い**

いつも何かにびくびくとしているように見えるこのタイプの人が唯一ほっとできるのが、「いつもの仕事」です。

日報を書いたり書類をファイリングしたり、いつもの仕事を手順通りにこなすとき、彼らは内心ほっとしているはずです。

■ **ミスを犯すのを何より恐れている**

このタイプを一言で表すなら、これでしょう――ミスを犯すのを何より恐れてい

ます。もともと自信がないので、自分はいつか大失敗をすると内心確信していま
す。

かといって自信をつけるためのオンザジョブトレーニングも、このタイプにはほとんど効果がありません。新たなことを次々と経験させられるだけでパニックに陥り、学習することができないからです。

自分の殻に閉じこもってしまうので、どう指導していいのかわからなくなってしまい、上司にとっても扱いにくい存在となります。

診断：破滅的です

かなり迷惑な存在になるのがこのタイプです。クラスや職場やサークルにこういう人が一人いるだけで大変でしょう。

単に不安そうだとか内にこもりがちというだけでなく、追いつめられると突然

キレることもあるからやっかいなのです。

これは「戦うか逃げるか」という心理的な反応の表れです。たいていの場合、このタイプの人は逃げようとしますが、追いつめられたときには爆発し手に負えなくなってしまいます。

周りの人が手を貸そうとしてもそれを受け付けませんし、褒められたり認められたりしても、素直に受け入れません。「中二病」タイプと同じく、このタイプの人にとっては自分自身が最大の敵であり最も厳しい批評家なのです。

タイプ4 退屈な人

このタイプの人はタイプ3「臆病者」よりはかなり扱いやすいといえます。それでもマインドセットのせいで損をしていて、能力を発揮できていません。

① 証明マインドセット
② 回避フォーカス
③ 自信はある

タイプ3「臆病者」とこのタイプ4「退屈な人」の違いは、自信の有無です。「臆病者」にはまったく自信がありませんが、このタイプ4は、「うざいやつ」ほどではなくても、少しは自信を持っています。とはいえ回避フォーカスのため、それをあからさまには見せません。

このタイプ4には、次のような特徴があります。

■ 静かな自信を持ち、いつも注意深い

「退屈な人」は、自分の一番の強みは守りが固いことだと自覚しています。いつも懐疑的で、自衛の構えを崩しません。楽天主義は子どもかバカのためのものだと考えています。

■ 自分の得意なことしかやらない

このタイプの人がうまくこなせることはきっと数多くあるはずです。しかし彼らは自分で自分の限界がわかっていると思い込んでいて、それを決して超えようとしません。その自衛的な姿勢ゆえに、このタイプの人は能力が低く見られて損をすることがありますし、自分の本当の能力に気づくことができないでいます。もったいないことです。

■ **変化には強く抵抗する**

このタイプの人は変化する能力がまったくないわけではありません。しかし彼らが変わり始めるのは、変わらないのは誤りだと100パーセント確信したときです。

大抵の場合は、現状を追認しその中でうまくやっていこうとします。保守的な判断が信条であり、新しいことにはまず「ノー」と言いたがります。

■ **ミスを犯すことをとても気にしている**

証明マインドセットを持つこのタイプの人にとっては、やはり他人に認めてもらうことが大事です。ただタイプ2「うざいやつ」と違うのは、「うざいやつ」が自分の実績を並べ立てて自慢するのに比べ、「退屈な人」は自分が完璧でミスを犯さず、常に信頼できる人間だということを密かな誇りにしている点です。「いつも正しい人」というより「決して間違わない人」を目指しているといえるでしょう。

■ 物事のやり方に対しては非常に頑固

「まるっきり新しくしよう」とか「別のやり方を考えよう」とかいう台詞はこのタイプの人の口からは出てきません。決まっているやり方を好むだけでなく、たとえそのやり方ではうまくいかないことがわかっても、途中で柔軟に戦略を変えるということができません。もちろん、頑固さや粘り強さが評価される場面はありますが、それが逆に致命傷になることもあるのです。

診断：問題ありです

「退屈な人」には長所もあります。彼らは信頼でき、几帳面であり、誠実です。しかし柔軟性に欠けていて頑固なために、創造性やイノベーションに価値を見出すことができません。彼らは変化を嫌います。もしこのタイプの人が上司だったら、人に任せるのが苦手ですから、部下がミスを犯すのを恐れて細かいところまで口を出すことでしょう。やる気は非常にありますが、自分自身と周囲の人に限界を設け、ひたすら現状維持に努めるところが難点です。

タイプ5 やる気の空回り

この「やる気の空回り」タイプはタイプ1「中二病」と同じく自信には欠けたところがあります。しかし、このタイプはそれを変えようと頑張るのです。

このタイプは

① 成長マインドセット

② 獲得フォーカス

③ 自信はなく不安定

「中二病」タイプが自信を持てないのは自分には能力がないと思っているからですが、この「やる気の空回り」タイプに自信がないのは、自分には学ぶべきことがたくさんあるという思いからです。裏返せば、意欲につながるわけです。

■意欲に満ちている

エネルギッシュに、長時間でもいとわず進んで働きます。

■遂行能力は低いが学びたいという情熱がある

とにかくやってみようというやる気があります。ただその意欲が空回りしてしまうところもあるのが難点です。周りにいる人が落ち着いてじっくりと学べる環境を整えてあげることが必要になります。

■楽天的で自分には成功する能力があると思っている

今は能力が追いつかなくても、そのうちに必要なスキルは学んでいけるとポジティブに考えています。現在の仕事に関する自己効力感は低い一方、学習しやがては熟練することに関する自己効力感は高いといえます。

■ **多くのことを引き受けすぎる**

情熱とやる気があるので、何にでも手を出してしまいがちですが、やがて自分にとって適切なレベルを学ぶことができるでしょう。

■ **認められることによって伸びる**

困難に直面しているときに、周りがこの人の頑張りを認めて褒めてあげると、うまく問題を解決して成長できるタイプです。頻繁なフィードバックとポジティブな反応をいつも欲しがっています。

■ **困難に建設的に対処しようとする**

うまくいかないときには落胆することもありますが、このタイプの人はそれで腐ったりはしません。さらに学びと努力を積み重ねて困難を乗り越えようとします。

診断：問題ありです

ただし、この「やる気の空回り」タイプに問題があるのは、目先のことにとらわれている場合だけです。やる気も問題ありませんし、マインドセットも素晴らしいものがあります。唯一の問題は、必要な能力がまだ備わっていないことだけです。

このタイプの人がどうしたらさらに効果的に学べるか、またどんな問題を起こしがちなのかを周囲が知っていることが大切です（このことについては後で触れます）。

タイプ6 まじめな見習い

第6のタイプ「まじめな見習い」は、自信がない点ではタイプ3「臆病者」と似ていますが、彼らのように周囲を巻き込んで暗くさせたりはしません。

このタイプは、

① 成長マインドセット
② 回避フォーカス
③ 自信はなく不安定

タイプ1「中二病」とタイプ3「臆病者」は自分の能力に対する自信がないのが特徴です。同じようにこの「まじめな見習い」タイプも自分の力のなさを痛感することがありますが、タイプ5「やる気の空回り」のようにその状況を何とか変えようと努力を尽くしていきます。

■自分なりの美学を持ち、やるべきことに集中する

仕事に対する熱意は高く、注意深くじっくりと取り組みます。それが成長のために必要なら長時間働くことも苦にしません。困難にも真正面から対処します。

■今は遂行能力に欠けているが、学んで熟達する覚悟がある

「やる気の空回り」タイプが何にでも手を出したがるのに比べ、この「まじめな見習い」タイプはしっかりと要領をつかんでから取り掛かろうとします。

■守りに強いネガティブ・シンカー

今は能力が備わっていなくても、しっかりじっくりと学んでいけばいつかはできるようになると考えています。

このタイプの人は「自分がやるべきことをやらないとまずいことになる」という

ふうにネガティブに考えます。そういう事態を避けるために頑張るタイプです。

■学ぶのは得意だが行動に移すのは苦手

どうしても不安が先に立って、行動するのを邪魔してしまいます。できるだけ失敗しないように、準備は徹底的にしないと気が済みません。周りにいる人が背中を押してあげることが必要です。

■真摯なフィードバックによって伸びる

お世辞や追従ではこのタイプの人を動かせません。真摯で正直なフィードバックを喜ぶタイプです。うまくいっていないことがあるかを頻繁にチェックし、事が大きくならないうちに対処したいと願っています。

■ **困難に建設的に対処する**

まずいことが起きれば人一倍気にするほうですが、それを原動力として努力し、改善に積極的に取り組みます。

診断：問題ありです

といっても、この「まじめな見習い」タイプの問題は「やる気の空回り」タイプと同じように、必要な能力が追いついていないことだけです。やる気はしっかりとありますし、マインドセットも学習に向いています。ただしこのタイプの人が学ぶのには周りの人がイライラするほど時間を要することは知っておく必要があるでしょう（この点については後述）。

タイプ7 新星

このタイプ「新星」は、タイプ1「中二病」、タイプ2「うざいやつ」、タイプ5「やる気の空回り」が目指すべき境地です。

このタイプの特徴は、

① 成長マインドセット
② 獲得フォーカス
③ 自信はある

正直、このタイプは非の打ちどころがほとんどなく、個人が持っている能力を存分に発揮しているといってもよいレベルだと思います。

■エネルギッシュで楽天的

このタイプの人と一緒にいると、尽きないアイデアの持ち主だと驚嘆します。そしてこのタイプの人の情熱と前向きさは周囲に伝染していきます。

■壁にぶつかるほど力が湧き出る

簡単なことではこのタイプの人は満足できません。たとえ報酬がよくてもルーティンの仕事は退屈だと考えています。いつも新たな挑戦をしていくことに生きがいを感じるビッグ・シンカーなのです。

■アイデアの宝庫であり革新的である

獲得フォーカスであり自信もあるので、ちょっとでも可能性があるものに挑戦しようとします。また、成長マインドセットもあわせ持っているので、場当たり的に行動せず、次にどうつなげていくかも深く考えています。また、今の可能性だけにとらわれずに、長い目で見て考えることができます。ビジョンを持っているからです。

■ 取るべきリスクを恐れない

リスクを進んで取っていきますが、このタイプの人は自分を認めてもらうことを目指してはいない（成長マインドセット）ので、無謀なリスクではなく必要なリスクを取ることができます。

診断：最高の仕事人

事を成し遂げる能力もやる気もあります。あとはそれを最大に活用することだけを考えていけばよいのです。まさに新星、スターです。

タイプ8 熟練の匠

このタイプ「熟練の匠」は、タイプ3「臆病者」、タイプ4「退屈な人」、タイプ6「まじめな見習い」のそれぞれが目指すべき境地です。

このタイプの特徴は

① 成長マインドセット

② 回避フォーカス

③ 自信はある

こんな人が周りにいたらどんなによいかと思わずにいられないのがこのタイプです。目立たなくてもしっかりとその場を支えてくれる人たちです。

■ 責任感が強く信頼できる。いてほしいときにいてくれる

「熟練の匠」たちは自分に厳しく、いつも正確で効率的です。言ったことは必ずやり遂げる最高の仕事人なのです。

■ 常に第二第三の矢を持って事に臨む

必要ならさらに複数の矢を持っている。それがこのタイプです。ただし、このタイプの人の場合、第一の矢があまりにも的確なので他の矢はほとんど必要ありません。

■ ミスがない

仕事を始める前にどれだけの時間が必要かを常に把握しています。また、何度もチェックし、ミスがないように段取りをしています。

■ 揺るがない専門性を持つ

成長マインドセットを持っているこのタイプは常に自分を高めることに力を注ぎます。成功するのに必要なスキルを磨くことに余念がありません。極めるためにはとことん学びます。

■ 自分の周囲もともに高めようとする

達成することと同じように大切なことはメンテナンスです。もちろん、彼らはそれを知り抜いています。周りの誰かが遅れていないか、あるいは先走りしていないか、いつも気を配っています。彼らがいる場はいつもスムーズに動いています。彼らがそうなるように頑張っているからです。

診断：最高の仕事人

タイプ7「新星」と同じように、この「熟練の匠」には実力もやる気もたっぷりとあります。能力を最大に発揮するために、回避フォーカスを活用する必要があるでしょう。

タイプ別診断と治療法

お話ししてきた8つのタイプを見分けやすいように、ここでそれぞれのタイプの「症状」を簡単にまとめておきます。また、それぞれの「治療法」も記しておきましょう。ただし治療法については次の章でもっと詳しくお話しします。

タイプ1 中二病 ― 証明マインドセット／獲得フォーカス／自信なし

―症状―

1 いつも引っ込みがちで、憂鬱な感じを漂わせている
2 努力をしない。最小の投資で最大のゲインを得ようとする
3 明らかに自分の能力に自信が持てない
4 自分自身を失敗に導いている

5　たまにやる気を見せることもあるが、すぐにしぼむ

―治療法―

1　成長マインドセットを持つ
2　オンザジョブトレーニングで自信をつける
3　獲得フォーカスを十分に生かす環境を作る

タイプ2　うざいやつ　―証明マインドセット／獲得フォーカス／自信あり

―症状―

1　自慢が多く、いつも注目されていたい
2　批判を聞く耳を持たず、失敗を隠す

3　すべてに飛びつく

4　向う見ずである

5　仲間といつも競い合っている

―治療法―

1　成長マインドセットを持つ

2　獲得フォーカスを十分に生かす環境を作る

タイプ3　臆病者　―証明マインドセット／回避フォーカス／自信なし

―症状―

1　周囲と壁を作り、いつも不安に駆られている

2　プレッシャーに押しつぶされそうになっていて、予期せぬ事態に弱い
3　新しい仕事には拒絶反応を示す
4　自分を守ろうとする意識が強い
5　ミスを犯すのを何より恐れている

― 治療法 ―

1　成長マインドセットを持つ
2　オンザジョブトレーニングで自信をつける
3　回避フォーカスを十分に生かす環境を作る

タイプ4　退屈な人 ― 証明マインドセット／回避フォーカス／自信あり

― 症状 ―

1 静かな自信を持ち、いつも注意深い
2 自分の得意なことしかやらない
3 変化には強く抵抗する
4 ミスを犯すことをとても気にしている
5 物事のやり方に対しては非常に頑固

― 治療法 ―

1 成長マインドセットを持つ
2 回避フォーカスを十分に生かす環境を作る

タイプ5 やる気の空回り ― 成長マインドセット／獲得フォーカス／自信なし

症状

1 意欲に満ちている
2 遂行能力は低いが学びたいという情熱がある
3 楽天的で自分には成功する能力があると思っている
4 多くのことを引き受けすぎる
5 認められることによって伸びる
6 困難に建設的に対処しようとする

治療法

1 オンザジョブトレーニングで自信をつける
2 獲得フォーカスを十分に生かす環境を作る

タイプ6 まじめな見習い ― 成長マインドセット／回避フォーカス／自信なし

― 症状 ―

1 自分なりの美学を持ち、やるべきことに集中する
2 今は遂行能力に欠けているが、学んで熟達する覚悟がある
3 守りに強いネガティブ・シンカー
4 学ぶのは得意だが行動に移すのは苦手
5 真摯なフィードバックによって伸びる
6 困難に建設的に対処する

― 治療法 ―

1 スキルを身につけ自信をつける

2　回避フォーカスを十分に生かす環境を作る

タイプ7　**新星**　―　成長マインドセット／獲得フォーカス／自信あり

―**症状**―

1　エネルギッシュで楽天的
2　壁にぶつかるほど力が湧き出る
3　アイデアの宝庫であり革新的である
4　取るべきリスクを恐れない

―**治療法**―

獲得フォーカスを十分に生かす環境を作る

タイプ8 **熟練の匠** ― 成長マインドセット／回避フォーカス／自信あり

― 症状 ―

1 責任感が強く信頼できる。いてほしいときにいてくれる
2 常に第二第三の矢を持って事に臨む
3 ミスがない
4 揺るがない専門性を持つ
5 自分の周囲もともに高めようとする

― 治療法 ―

回避フォーカスを十分に生かす環境を作る

第5章

すべてのタイプに共通する処方箋

Treatment

すべてのタイプに共通する処方箋はシンプルです。自分の、あるいは対象となる人のタイプがわかったら、次の3つの段階を進んでいきましょう。

第一段階

証明マインドセットを持っていたら、それを成長マインドセットに変えるようにしましょう。すでに成長マインドセットを持っているときは第二段階に進みます。

▼

第二段階

必要なスキルを身につけましょう。スキルとともに自信もつけるようにしましょう。2つのフォーカスそれぞれに学習の仕方とスピードは異なっているので注意してください。スキルも自信もついたと思ったら次の第三段階に進みましょう。

◀第三段階

それぞれのフォーカスを理解して、それに合ったやり方でさらなる成長を目指しましょう。フォーカスによって、ピンとくる戦略も報酬も環境も違います。最も力を発揮しやすい状況を整えましょう。この最終段階には終わりがありません。常に自分やその人のフォーカスに合った環境を作っていくことがやる気の持続につながります。

それぞれの段階にさらに説明を加えていくことにしましょう。

第二段階

証明マインドセットから成長マインドセットへ

自分のマインドセットをシフトする

なぜ、マインドセットが自信やスキルをつけることよりも先に来るのか、不思議に思う人もいるかもしれません。

その理由は、成長マインドセットを持っていなければ、いくらスキルを教えても学ぶ器がなく、いくら自信を持つことを教えてもその自信が空回りしてしまうからです。

証明マインドセットを持っているがゆえに起きる不安感、拒絶されることへの恐れ、自分を守ろうとして築く壁は私たちの学ぶ力を阻害します。

さらに自分の能力への不信から、いくら自己効力感を持とうと努力しても、その努力が長続きしません。

成長マインドセットをまず初めに持つようにするということは肥沃な土地に種をまくようなものです。その後のすべての努力を実り豊かなものにする土壌を作ることになるのです。

これほど証明マインドセットは成長のためには好ましくないのですが、マインドセットのシフトは簡単ではありません。

なぜならマインドセットは考え方の癖であって、どんな癖も本人が意識するのは難しいからです。私たちは「こう考えよう」と思って考えるわけではありません。ほとんどの場合、気がついたらそういう考え方をしているのが普通です。無意識の行動は変えるのが最も難しいとされています。

それでも変えるのは不可能ではありません。

次のステップを試してみてください。

ステップ1　目標を考えるときには「成長」を意識したものにする

そのためにはこんなトリガーワード（引き金になる言葉）を使ってみるようにしてください。

・学び
・改善
・発展
・成長
・前進
・将来的に

まずはいつも自分がこうしたいと思っていることを書き出してみましょう。その後で、右の成長を意識させる言葉に言い換えてみるのです。「証明」するのではなく「成長」することを念頭に置いてください。

たとえば、

①　私はよきリーダーになりたい。

↓私はよきリーダーになるために必要なことを学びたい。

②　時間配分をうまくしたい。

↓時間配分を上手にこなせるようなスキルを身につけたい。

③　体によいものを食べ運動を定期的にしたい。

↓食生活と生活習慣を改善していきたい。

④　よい人間関係の中に身を置きたい。

↓よい人間関係を持つために必要なスキルを学びたい。

といったふうに言い換えてみましょう。

―ステップ2― if-thenプランニングをする

「こうなったらこれをする」とあらかじめ決めておくのが、if-thenプランニングです（『やり抜く人の9つの習慣』という本の第2章でも書きましたし、『やってのける』という本にも詳述されています。興味がある方はぜひこの二冊も手に取ってください）。

このプランニングはあらゆる面で有効だということが実験によって証明されています。if-thenプランニングをすることで成功確率が2倍から3倍も上がるとわかっているのです。

たとえば、こんなふうに考えたらどうでしょう。

「人に認められたい、人から褒められたいと思って目標を決めてしまっているときには、この目標を達成することがいかに自分を成長させてくれるかという観点から考えるようにしよう」

ステップ3　期待値を変えてみる

成長マインドセットを持つには今までとは違った目で世界を見直していくことが必要になるかもしれません。

能力があれば何でもすぐにうまくいくという考えを捨てましょう。困難や難題にぶつかったときには逃げたり手っ取り早く解決しようとしたりするのではなく、腰を据えてじっくりと取り組むことが必要だと考えましょう。

その過程でミスもするかもしれませんが、それでいいのです。ときには人の力を借りることも必要です。そのことがあなたの無能の証明にはなりません。

むしろ人に助けを求められないことがダメなのです。どんな人も自分一人ですべてをこなすことはできないのですから。

― ステップ4 ― 他の人と比べない

比べるのは、他人ではありません。昨日の自分と今日の自分であるべきです。そして成長するとは、すべてを完璧にすることではありません。日々前進していくことです。

―ステップ5― 根気よく続ける

気がついたときに自分のマインドセットを変えることをしていけば、そのうちにそれが自然にできるようになっていきます。何年もの間、証明することにいつも焦点を当てて考えてきたのであれば、それを変えることはすぐにはできません。しかし、あきらめないでください。必ず変わることができます。

他人のマインドセットをシフトする

・ゴールとプロセスを成長マインドセットを使って設定する

「自分のマインドセットをシフトする」でも述べたように、トリガーワードを使うことは案外効果があります。

他人に動いてもらいたいときに意識して成長のトリガーワードを使うことで、その場の雰囲気を成長マインドセットに変えていくことができます。

たとえば、新たな課題を、今まで培ってこなかったスキルと知識を得るチャンスととらえてみる。あるいは、ノルマや試験結果を、能力がどれほど向上したのかを測る指標と考えたり、その人には何が欠けていて、何を学ぶべきかを知るツールととらえ直したりすることなどです。

・ミスをしても大丈夫だと伝える

ミスは当然起きるものだと伝えます。さらに一歩進んで、ミスが１つも起きないなんてありえないと伝えてもよいくらいです。

もちろんあなたが上司なら、部下の失敗を手放しで喜ぶなんて無理だ、と思うことでしょう。上司である自分の責任になってしまうと考えるのもよくわかります。**しかし、人間は失敗しても大丈夫だと思うと、実際に失敗を犯す確率はとても低くなるのです。**

「証明マインドセット」を持つ人は失敗を恐れると説明しました。数えきれないほどの実験で、不安感ほど人間のパフォーマンスを阻害するものはないことが明らかにされています。不安は生産性の敵です。

ですから、上司であるあなたが「最初から完璧にできる人はいないんだ」と言い、さらに「そうやってミスを犯しながら仕事ができるようになるんだよ」と部下に言い聞かせることによって不安を取り除いてあげるのです。

そうすることによって、部下たちの考えを「成長マインドセット」に変えていくだけでなく、実際にミスを減らすことができるはずです。

・成長マインドセットのロールモデルを示す

成長マインドセットのよき見本になるような人がいれば、彼らがやってきたことだけでなく、その達成とマインドセットがどう関係しているかを話してあげてください。

彼らの粘りや気概、そして困難をどう乗り越えていったのかを話し、そしてそんな彼らも最初はまったくうまくいかなかったということがあるなら、それも教えてあげてください。

私自身の研究ですが、化学専攻の大学一年生たちにノーベル化学賞受賞者たち（頂点を極めた人たち）がいかに成長マインドセットを持っていたかを話すことで、その後の学業に大きなよい影響があったことがわかりました。

ロールモデルは、成功するために一歩一歩前進していくことの大切さを教えてくれるはずです。

・正しいフィードバックをする

批判であれ承認であれ、正しいフィードバックをするためには次のような3つのルールがあります。

ルール1　物事があまり好ましくない方向に進んでいるときには、それを正直に伝えましょう。

他人に「それじゃだめだよ」と伝えることは簡単ではありません。相手の不安や落胆、困惑につながりそうなときはなおさらです。それでも相手の顔を立てるために事実を犠牲にしてはいけません。**事実を伝えねば、物事が好転しないだけでなく相手も成長できないのです**（落胆や不安などネガティブな感情は、状況をよくするための行動につなげられるというよい面もあるのです）。

また、事実を伝えることは自分の行動に対しての結果責任を持ってもらうという意味でも大切です。それは彼につらく当たるという意味ではありません。自分がしたことの責任を取らないということは、同時に彼のコントロールも奪うということにつながります。最もやる気をそぐものは、自分がその場をコントロールする力がないという無力感です。

ルール2　物事がうまくいかないときでも自分を信じることを教えましょう。

ミスはミスです。それでも自分は少しずつゴールに近づいていると信じることが大切なのです。

具体的なフィードバックをしましょう。どこをどうしたらさらによくなるのかを示してあげましょう。そして重要なのは、どこがうまくいっていてどこがうまくいっていないのかを伝えることです。悪いところだけでなく、うまくいっているところも伝える必要があります。

彼の力で変えられるものについても話してください。たとえば、どれだけの時間を注ぐべきか、とるべき戦略、ポジティブな姿勢など。

うまくいかなかったときに努力を認めるのは避けましょう。

「ノルマには届かなかったけど、君は全力で頑張ったじゃないか」などと言ってしまいがちです。でもそれで救われる人がどれほどいるでしょうか？

うまくいかなかったときに努力を褒められるというのは、言われた人をみじめな気持ちにさせるだけでなく、目標達成の能力がないのだと痛感させる結果になるという研究もあります。

こんなときには、ただ事実を伝えるだけでよいのです。努力だけではだめだったのであれば、何が足りなかったのかを伝えるべきです。

ルール3　たとえうまくいっていても能力を褒めるのは避けるべきです。

もちろん、誰でも自分がどんなに賢いか、才能があるかを認められるのは嬉しいと思います。だから当然、相手もそれを聞きたいだろうと思うのも間違っていません。ただ、それが相手のやる気を持続させるためには好ましくないのです。

能力を評価されている人は、ひとたび物事がうまくいかなくなると容易に自己不信に陥るという実験結果も報告されています。成功したのは自分に能力があったからだと思っていると、うまくいかないときにはそれは自分に能力がないせいだと結論づけやすくなるのです。

褒めるのは、その人がコントロールできるものにすべきです。 能力ではなく、やり方や工夫、粘り強さ、ポジティブな態度を認めていくのです。

人ではなく、行動を褒めることです。そうすれば今後、苦難にぶつかっても、以前はどうやって切り抜けたのか、どんな行動が自分を助けてくれたのかを思い出して対応できるようになります。

他人と比べるのでなく自分と比べることも大切です。

試験や業務評価など他人との比較で評価がなされる場面では、どうしても「証明マインドセット」が顔を出すものです。しかしそんなときでも、成長マインドセットで考えることはできるのです。

たとえば、ある生徒の成績がDからCに上がったらどうでしょうか？　その子にとっては他の子がBからAに上がるほどの進歩なのかもしれません。

ある人がチームの中では最も成績が悪いとしても、その人の能力がこの一年で格段に伸びたとすれば、それはやはり承認と称賛に値するものです。

大事なのは前進であり成長だと確信させることが大切なのです。

第二段階

必要なスキルと自信を身につける

必要とされる個々のトレーニングは相手により場所によりさまざまに変わりますが、そのトレーニングの受け止められ方はフォーカスにより違います。トレーニングをする対象の人たちのフォーカスの特質を知れば、より効果的なトレーニングが可能になります。

スキルをつける

獲得フォーカスを持つ人たちはオンザジョブトレーニング（ＯＪＴ）を好みます。

いろいろなことを体験しながら成長していくのが性に合っています。うまくいっていて成長していると頻繁に確認してあげることが必要ですし、まったく未知のことであっても、あえてやらせてみるのもいいと思います。「何でも試してやれ」と考える彼らはミスをして怯《ひる》むような人たちではありません。

逆に物事が停滞してしまうのが彼らのやる気を一番そいでしまいます。どんなときも、彼らには励ましの言葉を頻繁にかけるとよいでしょう。

それに比べ、回避フォーカスを持っている人は、実際に取り掛かる前に入念な準備が必要です。どんな仕事なのかをよく説明してあげるとよいでしょう。

スロースターターではありますが、彼らのやることはしっかりとしています。そのために自分がやることは事前にしっかりと理解することを必要とするのです。

回避フォーカスを持っている人がいつも正確でありたいと考えていること、ミスをするのをとても嫌がることを、周囲の人は理解してあげるべきです。

正直なフィードバックを頻繁にしましょう。獲得フォーカスの人のようには、彼らは励ましの言葉を必要としません。大げさな励ましはかえって彼らのやる気をそいでしまいます。うまくいっていないときは、ただそうとだけ伝えればよいのです。

取り掛かるのに時間はかかりますが、ひとたび仕事にかかれば彼らの仕事のレベルは高いのです。安心して見守ってあげてください。

自信をつける

以前にお話ししたように、私たちの自己効力感は私たち自身の成功や失敗の体験によって培われます。効果的なトレーニングとは、より多くの成功を味わってもらうことです。また、成功と失敗をしっかりと検討することも非常に大切です。

まず、最近の成功体験を考えてみてください。目標を達成したとか、自分の成長を自覚したとか、いろいろあるでしょう。時間がかかっても構いません。

さて、なぜあなたはうまくいったのだと思いますか？　何がよかったのでしょうか？

もし、その問いへの答えが、

「優秀だったから」「才能があるから」「センスがよかったから」「ラッキーだったから」「あの人がいてくれたから」

といったものであれば、心理学的に言うと成功の理由を「コントロール不能要因」に求めていることになります。幸運やツキは自分以外の他力ですし、優秀さや才能も自分ではなかなかどうしようもありません。

一方、もしあなたの答えが、

「準備をしっかりした」「頑張った」「うまくいくように計画を立てた」「あきらめなかった」

などであるなら、「コントロール可能要因」に成功の原因を求めていることになります。

努力や計画や粘り強さはあなたがあなたの力で変えられるものです。自信をつけるのに成功体験はとても大切ですが、その際に自分にはどうしようもないもののおかげにしてしまうと、その成功体験を十分に生かせなくなってしまいます。

何度もお話ししたように、自己効力感とは成功する力が自分の中にあると確信する力です。

そして、失敗が本当に致命的になるのは、それが私たちの力を否定してしまうものであるときです。自分にはどうしようもないことでの失敗は、私たちの無力感を高めてしまい、やる気をそいでしまいます。

しかし準備や粘り強さなど自分が変えることのできるものが足りなかったなら、次にはうまくやれると思えます。

どうか、成功・達成・到達を、あなたの手の届くところに置く心の習慣を作ってください。

大切なのは成功や失敗の原因を自分がコントロールできるものにすることです。それはやる気の科学という観点からも正しいことなのです。

成功できるか否かはDNAで決まっているわけではなく、私たちがどう考えどう行動するかにかかっています。これは数多くの研究ではっきりしていることを忘れないでください。

自信を高めるために過去の成功体験を思い出すことは大切ですが、それだけではいけません。自分はどうやってその成功を実現したのか、そこに自分のどんな努力や行動、選択があったのかをよく考えてみてください。

他の人の自信を高めたいときも同じです。その人の成功体験はその人のどんな行動によって可能になったのかを思い出させてあげてください。

回避フォーカスの人にとっても、自信はもちろん大切です。しかし彼らの自信は

「すべては完璧にうまくいっている」的なものではなくて「自分には物事をミスなくスムーズに回す力がある」というようなものです。

彼らの自信は楽観的なものではなく、どちらかというと悲観的なものです。それでも彼らは物事が不注意から台無しにならないようにする力があるという静かな自信を持つことが必要なのです。

第三段階　力を発揮する場を作る

このトピックはこれだけで一冊の本ができるほど、それぞれのフォーカスによってさまざまな違いがあります。

ここではいくつかの例を挙げて、フォーカスごとに何が必要かを説明していきます。

獲得フォーカスの人が力を発揮する場を作るには

1　よく褒めてポジティブで楽天的な環境を整える

彼らが困難に直面しているときには特に、大丈夫だと勇気づけてあげましょう。

彼らの過去の成功を思い出させ、こんなことは何でもないと確信させることです。

2　目標をはっきりと持たせる

獲得フォーカスの人は目標を「何が得られるか」として明確に考えることでやる気を爆発させます。

3　アイデアを自由に出させる

彼らはもともとクリエイティブで枠にとらわれない自由な思考を持っている傾向があります。その邪魔をしないようにしてください。

4　彼らは何でも早く片づけたいと思っていることを忘れない

のろのろと仕事をしなければならないことほど、彼らのやる気を下げることはありません。いつも迅速にゴールに近づいていると彼らに理解させてください。長期のゴールを小さなサブゴールに細分化すると、彼らのモチベーションは最大限に維持されます。

5　大きな絵を描く

たとえば獲得フォーカスの子どもに受験で頑張ってもらいたいなら、ただどこそこの大学へ行けというのではだめです。そこに入ることでどれほど人生の可能性が広がるのかをしっかりと話す必要があるのです。

6　決断するときにはプラス面を考えさせる

２つの選択肢AとBから選ばなければならないというとき、彼らはどちらがよりプラスが多いかを考えるのが得意です。

回避フォーカスの人が力を発揮する場を作るには

1　建設的な批判と悲観主義でアプローチする

あまり大げさで嘘くさい称賛を回避フォーカスの人にしても逆効果です。ネガティブなことを言わないでいるのもダメです。彼らは建設的な批判なら喜んで耳を傾けます。「ここでへまをすると全部が台無しになるよ」と言われたときに、彼らは最も力を発揮するのです。

2　何を得るかより何を避けるべきかをはっきりさせる

彼らが目標を考えるときにまず考えるのは損失をなくすことです。ですから目標を与えるときには、それが「しておかねばならないこと」「安定をもたらすこと」「仕事がよりスムーズに進むようになること」であると説明するとよいでしょう。

3　出されたアイデアを分析し、評価をしてもらう

回避フォーカスの人が持っているまじめで思慮深い面を生かしてあげましょう。この人たちはアイデアを出すこと自体は得意ではないかもしれませんが、出された

アイデアを吟味し分析するのは上手です。

4　じっくりと仕事に取り組めるようにする

彼らは急かされるのをとても嫌がります。あわただしい職場では彼らは不安になりますし、爆発してしまうこともあるでしょう。ミスを犯すのを怖がる人たちですから、やっつけ仕事は性に合わないのです。

辛抱強く待ちましょう。きっとミスのない、素晴らしい仕事をしてくれることでしょう。

5　具体的な指示を与える

いつかはバラ色の世界が待っているというような漠然とした話は、彼らにはピンときません。このタイプの子どもたちに勉強をしてもらいたいなら、勉強をさぼることが招くだろうリスクを考えさせてください。成績が下がることとか、落第することとかです。

彼らは常に客観的な事実を知ることを求めています。

6 決断をするときにはマイナス面を考えさせる

選択肢AとBがあるときには、どちらがよりマイナスが少ないかを考えるタイプです。こういうスタイルで意思決定すると、彼らにとってより自然でよりよい判断ができます。

おわりに

いかがでしたか?

自分と周りの人のやる気のスイッチについて説明してきました。ごく簡単に、そしてわかりやすくお話ししてきたつもりです。科学的に証明されていることですから、理解して実生活に活用していただきたいと思います。

まずお願いしたいことは、「医者よ、汝自身を治せ」ということです。マインドセット、フォーカス、自信の3つの軸を、まずあなた自身を理解するために活用してください。

そしてさらに理解していただきたいのは、これらの軸は固定的なものではないということです。ある人がいついかなるときにもこのタイプであるということはありません。決めつけないで、常に興味を持って観察を続けてください。

たとえば、あなたは仕事の上では「成長マインドセット」を持ち「獲得フォーカス」を持ち「自信に満ちた」プロフェッショナルかもしれません。しかし、人間関係や恋愛に関しては「証明マインドセット」を持ち「回避フォーカス」の「自信のない」人かもしれません。

お医者さん同様、診断が的確であればあるほど、効き目のある治療が可能になります。

ぜひ、自分自身のさまざまな面に気づき、適切な行動をしてください。

さらに、このモチベーションの基礎知識を生かして周りの同僚や上司、生徒やパートナーの理解を深め、彼らがよりよく特性を発揮し、目標に到達できるように力を貸してあげてください。

この本で学んだことを話してあげるのでもよいし、彼らがより力を発揮できる環境を整えるように気を配るというのもよいと思います。

なぜ人は期待通りの成果を上げられないのか、それはもうあなたには謎ではありませんね。

これからは自分にも相手にも適切な「治療」ができるでしょう。

呼ばれていますよ、先生。最高の診断と治療をしてあげてください。

参考文献

H. Grant and C. S. Dweck, "Clarifying Achievement Goals and Their Impact," Journal of Personality and Social Psychology 85, no. 3 (2003): 541–53.
ハイディ・グラント、キャロル・S・ドゥエック「目標の明確化とその効果」

L. S. Gelety and H. Grant, "The Impact of Achievement Goals and Difficulty on Mood, Motivation, and Performance" (unpublished manuscript, 2009).
L・S・ゲレティ、ハイディ・グラント「達成目標の効果と気分、やる気、パフォーマンスの関係」

E. T. Higgins, "Beyond Pleasure and Pain," American Psychologist 52, no. 12 (1997): 1280–300.
E・T・ヒギンズ「快・不快をこえたもの」

A. Bandura, "Self-Efficacy: Toward a Unifying Theory of Behavioral Change," Psychological Review 84, no. 2 (1977): 191–215.
アルバート・バンデューラ「自己効力感〜行動を変える包括的理論」

A. Stajkovic and F. Luthans, "Self-Efficacy and Work-Related Performance: A Meta-analysis," Psychological Bulletin 124, no. 2 (1998): 240–61; G. Holden, M. Moncher, S. Schinke, and K. Barker, "Self-Efficacy of Children and Adolescents: A Meta-analysis," Psychological Reports 66, no. 3 (1990): 1044–46.
A・スタイコビッチ、F・ルーサンス「自己効力感と業務遂行能力のメタ分析」

E. Ghiselli, The Validity of Occupational Aptitude Tests (New York: Wiley, 1966).
E・ギゼリ「業務能力テストの信頼性」

G. Oettingen, H. Pak, and K. Schnetter, "Self-Regulation of Goal-Setting: Turning Free Fantasies About the Future into Binding Goals," Journal of Personality and Social Psychology 80, no. 5 (2001): 736–53.
ガブリエル・エッティンゲン、H・パク、K・シュネッター「目標設定における感情コントロール：夢を達成すべきゴールに変える」

やる気が上がる8つのスイッチ
コロンビア大学のモチベーションの科学

発行日　2018年5月25日　第1刷
　　　　2020年2月21日　第7刷

Author　ハイディ・グラント・ハルバーソン

Translator　林田レジリ浩文
Book Designer　krran（西垂水敦・太田斐子）

Publication　株式会社ディスカヴァー・トゥエンティワン
〒102-0093　東京都千代田区平河町2-16-1 平河町森タワー11F
TEL　03-3237-8321（代表）
FAX　03-3237-8323
http://www.d21.co.jp

Publisher　谷口奈緒美
Editor　藤田浩芳

Publishing Company
蛯原昇　千葉正幸　梅本翔太　古矢薫　青木翔平　岩﨑麻衣
大竹朝子　小木曽礼丈　小田孝文　小山怜那　川島理　木下智尋
越野志絵良　佐竹祐哉　佐藤淳基　佐藤昌幸　直林実咲　橋本莉奈
原典宏　廣内悠理　三角真穂　宮田有利子　渡辺基志　井澤徳子
俵敬子　藤井かおり　藤井多穂子　町田加奈子　丸山香織

Digital Commerce Company
谷口奈緒美　飯田智樹　安永智洋　大山聡子　岡本典子　早水真吾
磯部隆　伊東佑真　倉田華　榊原僚　佐々木玲奈　佐藤サラ圭
庄司知世　杉田彰子　高橋雛乃　辰巳佳衣　谷中卓　中島俊平
西川なつか　野﨑竜海　野中保奈美　林拓馬　林秀樹　牧野類
松石悠　三谷祐一　三輪真也　安永姫菜　中澤泰宏　王廰
倉次みのり　滝口景太郎

Business Solution Company
蛯原昇　志摩晃司　瀧俊樹　野村美紀

Business Platform Group
大星多聞　小関勝則　堀部直人　小田木もも　斎藤悠人　山中麻吏
福田章平　伊藤香　葛目美枝子　鈴木洋子　畑野衣見

Company Design Group
松原史与志　井筒浩　井上竜之介　岡村浩明　奥田千晶　田中亜紀
福永友紀　山田諭志　池田望　石光まゆ子　石橋佐知子　川本寛子
宮崎陽子

Proofreader　文字工房燦光
DTP　株式会社RUHIA
Printing　中央精版印刷株式会社

ISBN978-4-7993-2264-2